JN438119

구부러진 말言

최 진 만 시집

도서출판 청옥문학사

序文

서정적 시의 감성은 만들어지는 것이 아니라 태어난다고 한다. 이러한 뜻을 이해할수록 재주가 미흡하다. 어떤 사물을 낯설게 인식할 때 원시적 시어를 찾아 낸 듯 기쁠 때가 있다. 그럴 땐, 화자의 삶에 대한 신념과 기쁨이 되기도 했다. 詩의 상징은 늘 감춤과 드러남의 이중적 성격을 지닌다. 하여 인생의 의미도 반쯤 인식할 때 다 알지 못한 삶의 여백이 더욱 아름답다.

끝없이 밀려가는 세월에 벌써 육십 고개를 넘어 회갑 년이다. 흐트진 원고를 모아 한 권의 시집이 나오기 까지 바쁘신 시간을 틈타 서평을 쓰 주신 法山 김용태 前 신라대학교 총장님께 감사의 인사를 올립니다. 그리고 「청옥문학」 발행인 겸 출판사 사장님을 비롯하여 회원님과 기꺼이 표지사진 작품을 찍어 주신 권동수 사진작가님 고맙습니다. 아울러 알바트로스 시 낭송회 회원을 비롯하여 「두레문예」 회원님께도 기쁨을 같이 하고 싶고, 아내와 집안 식구들 모두 힘을 써줘 고맙다는 말을 함께 남긴다. 조락의 세월 앞에 세 번째 흔적의 점하나를 찍게 됨을 神께 감사드린다.

화명동 서재에서

林塘 최진만 저자 씀

목 차

제 3 부 가을 속으로 떠나는 시의 향연

제 4 부 앙상한 눈길 걷다보면 차 한 잔이 생각나고

제 5 부 베란다 창가에 앉으면 옛 추억은 새롭고

제 1 부

봄을 만지니 봄 향기가 난다

*이정록의 의자

그는 어머니가 이르는 대로
마음이 쉴 수 있는 의자 몇 개를
지하철 승강장에 내놨다
정을 맞을수록
결이 좋아진다는 모서리를 세우던 의자다
이제 결 고운 의자 몇 개는
자리를 잃고 헤매던 의자와,
세상 사람들 모두 앉고도 남을
넉넉한 의자가 되었다

승강장 빈 의자는
이미 한정된 자본주의 능수버들마냥
흔들리는 낮은 의자들이
서러운 실업자의 목숨처럼
쩌렁 쩌렁 레일을 울린다
오늘도 가슴속으로 떠돌
의자 몇 개가
젊음의 이름으로 부숴지고,
의자를 잃은 주검이
긴 터널을 달려가고 있다.

*이정록 : 1964년 충남 홍성 생. 1993년 [동아일보]신춘문예 시로 등단, 김수영, 김달진 문학상을 받았으며 "아버지학교" 외 6권의 시집이 있으며 대표시집은 '의자'다. 도시 많은 지하전철 역사驛舍에 '의자'의 시작품이 내 걸려 있기도 했다.

신비의 형상

다만, 숲들의 숨소리가
보일뿐!
무슨 말들이 오가는지
창밖엔 푸른 잎들이 흔들렸다
바람이 키를 세울 때마다
어제도, 오늘도
팔, 다리를 흔들며
뛰다가 걷다가 체력을 다지는
숨소리가 점점 자라 거칠다

한라 비발디 아파트에서
무너지는 바람
무너져 내리는 바람 속으로
춤추는 무희는 내장이 파랗다

모터펌프 수리전문점 앞
가로수 은행나무 가지에 매달려
시침을 뚝 떼고
숨어 있는 파란 인간
눈빛을 들어
바람의 숨소리가 보일 때마다
누구의 눈에도

안 보일까, 안 보일까?

홀연히 떠난 어느 시인의
혼령이 덧 씌워진 것처럼
오월 한 낮 미소 한줌 움켜지는
파란 인간 .

구멍 2

마음을 모아
붉은 피가 솟구칠 때 까지
구멍을 뚫다가
펜촉을 들어도
시의 꼬리를 찌르지 못했습니다

보이지도 않고 들리지도 않는
붕장어 눈으로 창공을 뛰놀다
사해死海 처럼
어둠이 내리면 미동도 없이
숨어 오던 시어詩魚 한두 마리

촘촘히 직조된
뇌의 그물망을 뚫고
달아나는 시상들
한 무리 치어 떼가 몰려가고
먼동이 트면
밤새 뚫은 구멍 속에서
심해深海의 고래가
한껏 물기둥을 내뿜고
이내 바다는 잠잠 하였습니다.

구부러진 말言

죽은 나무에 말의 중심이 무너져 있다

한 백 년은 되겠지!
실내 광장 나무 가지에 천개의 눈이 있고 반짝이는 묵언의 말들이 병원 안쪽을 가득 메운다.
만개한 벚꽃처럼!
수수낱 붉은 빛이 대각선 유리창에 부딪히며 반사되는 빛들의 잔치
그 빛들이 굴절되는 창 넘어 허공에 뜬 어눌한 말들을 붙들기 위해 흰 가운을 입은 의사는 손가락사이로 흘러내리는 말을 줍는다
천개의 눈, 아니 만개의 눈으로 숲속 이야기를 들춰내는 쬐그만 붉은 알갱이들이 비로소 말을 걸기 시작했다

인간에게 *밈 얘기 좀 할까요?
당신께 진작 말을 하고 싶었어요.
사랑했다던가, 사랑한다던가 그런 진부한 말은 아니예요
늘 당신은 아무 말이 없었죠!
"왜죠?"
뭐, 키가 작다거나, 못생겼다거나 그런 것은 아니죠!

당신이 외롭다는 말을 눈으로 말했잖아요
말할 수 있는 대상을 찾는다는 게 쉽지는 않죠!
다만, 숨 없는 가지에 반짝일뿐이죠!
왜냐고 묻지 마세요
슬픈 일이죠!
병원시멘트 바닥에 뿌릴 내렸고
아무튼 숨 쉴 인조 잎은 돋았잖아요.
가지마다 감아올린 실핏줄 말의 눈빛 말이죠!
다음, 맥박소리는 누가 듣죠!
"의사 입니까?"
분명 맥박소리가 들릴텐데.

*리처드 도킨스가 말한 *밈 (meme)은 자기의 복제 본능적 유전자를 퍼뜨리는 공감능력을 말한다.

*(중앙일보) 이정모의 '호모 사이언티피쿠스' 부문 내용인용

시인은 말이 없고

조지훈 문학관을 찾으며

빗돌 시편, 시편마다
산맥을 이루고
산맥마다 정기精氣가 서렸다
혈맥을 타고 강을 이룬 곳
적멸寂滅의 보검을 높이 세우고
말갈기를 휘날리며
시맥詩脈의 강을 달리던
임의 시작詩作을 보라

뉘 있어
임의 태산을 넘을 것이며
뉘 라서 임의 강을 건널 수 있으랴!
아, 귀를 씻고 눈을 감아도
임은 보이질 않고
강기슭 밀려든 실개천만
씻은 발이 말갛구나!

시인은 말이 없고 새싹의 비밀스런
기운으로 임의 시비아래
이 작은 풀꽃의 언어가 각인되어
저 하늘에 맞닿아 있다는 사실을
나는 비로소 깨닫는다.

연지 공원

만약 춘 사월
시 한 줄짓고 싶다면
연지 공원으로 가라
만약, 사색의 연못과 벚꽃이 그리울 땐
연지공원으로 가라
넝쿨꽃 터널, 푸르디푸른 깔깔한 웃음들
꽃물처럼 뚝 뚝 떨어지는
연지공원으로 가라
꽃 비늘 휘날리면 차마 꽃이 되고 싶다

힘찬 고래마냥 숨을 내뿜는 분수대
잠자던 카메라도 눈을 뜨고
겨우내 찌던 할머니 얼굴에도
봄꽃이 피면, 사람도
꽃이 되어야 하는 이유가 분명해 진다
사람이 꽃이라면
너와 내가 꽃같이 웃는다면
연지공원으로 가라.

*연지공원: 경남 김해 내동에 위치하며 넓은 수변공원으로 조경이 아름답다.

*물목 초장집에 갇힌 당신

봄날에는, 봄날에는
가슴속 모두 내려놓고
산과 들에 뛰놀던
옛 송아지처럼
동심으로 달려가고 싶다

햇빛 찬란한 이른 봄날
옛 동무 아지랑이 속으로
보일 듯 말 듯하고
고개 들어 물끄러미 바라보는
노루의 먼 산처럼
한없이 허공으로 날고 싶다

들에도 강가에도
온갖 새싹은 돋아
봄꽃이 형형색색으로 웃음 짓는데
귀가 있어도
당신은 들리지 않는다

동백꽃 봉오리
아기 볼처럼 봉긋 봉긋
미소를 머금어도

당신만 그 빗살꽃 보이지 않는다

그러나 나는
머언 피안에서 돌아온 사람처럼
아내의 속울음을
닦아 줄 수가 없다.

*'물목 초장' 은 작자의 아내가 경영하는 횟초장 집

바람이 불지 않는 창

봄볕이
아파트 베란다
유리창을 닦는다

봄볕이
빨간 홍매화
꽃잎을 흔든다

간지럼을 타지 않는
꽃잎의 정적靜寂

유리창 안은
망각의 늪처럼
고요하고

천리향 향기는
천리를
가지 못하고.

결혼 축시

2012년 4월 8일 맏아들 결혼에 부쳐

봄비가 내리더니
푸른 윤기가 흐른다
가지마다
영롱한 빗방울 진주알처럼 엮은 것은
선남선녀의 신랑 신부처럼
파란 날개를 펴기 위한
예행연습의 목걸이였나 보다

천리향 꽃향기로 속삭이던 봄
화관을 쓴 벚꽃같이
천사도 시새울 어여쁜 사월 신부여!
성스러운 결혼을 축하 하듯
언 땅 뚫고 입춘立春을 노래하던
개구리 합창처럼
사랑주고 사랑받아 행복 누리라

순백의 대지를 밟는 첫 걸음,
걸음마다 꿈꾸는
아지랑이마냥 사랑 하여라
여백을 깨우는 새싹처럼 사랑 하여라
초록 빛 푸른 잎새같이
두 사람 앞날에 영원히
하나의 푸른 사랑만 있어라.

법기 수원지

계곡 푸른 물 비취색 호수
명경같이 반짝이는 햇살
평화로운 운치 망부석도 눈을 뜨고
산봉우리는 호수에 드리워
한 폭의 수채화

달뜨면
선녀 내려와 목욕을 함직한
조약돌도 꿈꾸는
법기 수원지

이끼 낀 숲속 아름드리 가지마다
흑두루미 날개 짓
깃발처럼 펄럭이고
더덕 꽃 초롱초롱 나발처럼 벌어지면
바람 이르는 대로
이름 짓는 집시의 구름
나보다 먼저
시 한수를 읊고 간다.

입춘소고立春小考

대천 천川 다리 아래
반짝 햇볕을 받은
은 양철 지붕아래
또르르 물방울이 구른다

버들강아지처럼
아이들 재잘대는 소리,
소리도 움튼다

피라미 떼 지어
올 듯하고

입춘立春은
입춘대길立春大吉은
텃새 눈망울 속으로
깜박인다.

폐타이어

가는 곳 어디든
날 등짐지고 달렸던
폐타이어
버리려는 순간
반짝, 눈빛을 들어
나를 올려다본다

힘들었을
폐타이어
다시 만져 보니
지문이 다 닳아 지고 없다
달려온 아픔들은
아스팔트 곳곳에
까만 울음으로 남겨 놓고

제 2 부

숲을 끼고돌면 바다는 펼쳐지고

유월이 오면

유월이 오면
유월이 오면
저, 언덕 위에 유월이 오면
장미꽃 무더기, 무더기로 피는 것은
자유를 위해, 조국을 위해
젊은 피 흩뿌린
내 누이 아들 같은 넋으로
붉게, 붉게 피는 꽃
어여쁜 아가씨야
장미꽃입술에 입맞춤을 해주렴

오, 유월이 오면, 유월이 오면
저, 언덕 위 숲속에서
청명한 하늘 떨리게 우짖는
뻐꾹새 소리, 소리는
처참한 전장의 포화 속으로
산화한 내 누이 아들과,
호국영령들의 피 맺힌 울음,
울음일 줄이야!
못다운 눈가에 어리는
내 누님의 눈물, 눈물일 줄이야.

비비새 나침반

노을이 물들자 비비새 한 쌍이 강물을 거슬러 둥지로 돌아가고 있다. 바람이 강을 건너자 휴대용 라디오에서 소나타, 교향곡 제1악장도 끝났다. 잿빛 속으로 투영 된 노을이 먼 산을 넘으며 희미해진다. 비비새가 물고 온 어둠속으로 내 유년의 초가마다 환히 불을 밝힌다. 구름을 스치며 바람을 타고 넘는 비비새가 북위 43도 가로 세로 눈금마다 별을 박는다. 길 잃은 구름떼가 양떼처럼 몰려온다. 달빛 속으로 유목민의 *쿠르나 말머리 피리소리가 구름떼를 몰아간다. 나는 그 창공을 언제라고 할 것도 없이 빈 허공을 따라 날고 있다. 날고 있었다.

*쿠르나 피리 : 몽골의 클래식한 전통악기로 몽골 민속 노래를 부을 때나 말馬을 몰 때 연주한다.

詩人의 꿈

詩人의 꿈

둥근 향나무는 늘 시를 짓듯이
보름달 품은 시인은
늘 둥글게 원을 그린다.

둥글게 마름된
천상병이나, 박인환 서재에서
향기 그윽한 보름달처럼
둥글게 꽂혀, 비춰주기를
임의 역사歷史처럼 묻어나기를,
생각만 짙은 베갯머리

별빛의 섬세한
언어의 은빛으로 읽을 수 있는
임들의 작품, 작품들
보석 같은 시작詩作은
온갖, 은유와
묘사로 장치를 넣어
깎고, 깎이어 다듬은
은은한 달빛

아직, 어린 언어가
그리운 달빛에 젖어
진주알처럼 광체가 발하면
머언 품으로 보내도 좋을
그런, 눈 맑은 자식하나
달그림자마양 가곱다.

*(주)박인환(1926–1956) 강원도 인제 출생 경향신문 기자역임 허무주의와 도시 서정에 바탕 한 페이소스의 시들은 많은 젊은이들을 매료 시켰다. 대표 시는 [세월이 가면], [목마와 숙녀]등이 있다.

*(주)천상병(1930–1993) 경남 창원 출생 서울대 상대 수학, 시집 [새][주막에서]등이 있고 대표 시는 '귀천歸天'과 '소능조小陵調'가 있다.

* 2013년 [부산 시인선3] 발표

4대 강江 배앓이

둑이 터졌다
물길은 바른길을 가고 싶었다
어제 저녁부터 퍼 마시던 江
불협화음의 트러블,
저지대는 몇 차례 속이 부글부글 끓었다
제방 안쪽으로 메탄가스가 가득 찼고
목적의 돌들이 떨어져 나가 앓고 있다

둑은 며칠째 트림을 해댔고
몇 번의 방귀 소리가 들렸다
의사는 장염이라고 했다
얼마 전만 해도 소화불량은 아니었다
배탈이 나, 설사할 뿐이라고 했다
배탈이 아닌 위암 이였던 4대강
시원하게 싸고 싶던 것일까

소화불량의 물길 창자를 뚫고
복막염으로 시름하던 들판과
정치판 항문에서
방귀냄새처럼
용접봉 불꽃 튀는 냄새가 진동했다.

석양 길

들을 지나 산길 넘어
해안선 곡선따라 길을 걷는다
고즈넉한 갯마을 닿을 때마다
파도는 할 일없이
밀려오고 밀려가는데

모래톱 쌓던 아이
노을 물든 석양夕陽
빤히 바라보는 수평선
갈매기울음 멀고
갈대 숲 귀속 밀어
허터로운 바람만 분다

어둠 내린 어스름 길
길을 재촉하는데
잔물결 따라 비틀거리며
빨려들어 가는 길.

풀꽃 시계

누가 켜고 갔을까
푸른 등불 밝힌 크로버 풀꽃 속에
곱게 접은 붉은 딱지 편지
까치밥같은 사연
풀밭에 꽂아 두고 떠난 빈자리
흰 나비 한 마리 앉았다

초원에 핀 불꽃은
서면 쥬디스 태화 광장 앞
재만 남은 촛불에서
타다 남은 미국 쇠고기 같기도 하고
장미꽃보다 붉은 한 소녀의
얼굴 없는 소망같기도 하다

길옆 전봇대 위 바람개비는
시간을 힘차게 돌리는데
아무리 귀 기울려도
풀꽃시계는 째각, 째각 소리가
나지 않는다.

허무

고종누이의 죽음

어지럽게 흩어져 온갖 것이 방안 가득 숨 쉬는 듯 죽은 듯이 하여 하물며 걸레조각 같은 것까지도 살아 움직이듯 하는데, 가슴팍을 질금질금 누르던 안개비 너머로 머언 아이들 재잘거림은 누구의 소리입니까? 그것이 노래였거나, 웃음이거나, 울음이거나 혹은, 소곤거림이거나, 빈 공간은 여기 그대로다. 뭉게구름 피였다가 사라져 버린 허무여! 선풍기 바람개비처럼 세월은 늘 맴을 도는데, 아침 안개가 흰 장막을 거두게 되면 아, 나는 두렵다. 세상 속 아름다운 꽃들과 새들의 지저귐 아이들 착한 웃음소리가 두렵다.

복숭아

손바닥 위에
잘 익은 노을을 벗긴다
가을 품은 속살
달디 단 눈물마저
핥아 먹었다

눈동자에 이는 처녀성
꽃잎 맺힌 봄부터
노을빛으로 물들기까지
음밀히 간직한 순결,
순결의 옷을 벗기면
뚝, 뚜 둑
뚝, 뚝
복숭아 눈물

(……)

또, 다시
한 입 깨물면
주르륵 눈물 뚝뚝 떨 구는
복숭아 여인.

황계 폭포

한반도 시원始原에서 등뼈와 혈맥血脈을 타고 굽이굽이 흘렀다. 물은 낮은 곳으로 달려와 황계黃溪폭포에 서서, 흰 이빨을 들어 포효하는 맹금의 날개가 된다. 가히 막으면, 막힐수록 뚫리는 힘이다. 하얗게 토해내는 군마軍馬의 거친 숨소리 차갑게 부서진다. 구리빛 배암은 혀끝을 날름대며 햇살 위에 떨어진다. 이는 물보라 무지개다리를 놓고 깊은 용소에 살던 이무기 무지개다리를 타고 오른다. 흑사黑巳의 소용돌이는 다시 굽 돌아 물비늘 갑옷을 입는다. 우렁찬 낙수는 장수將帥의 호령이다. 평화롭고 즐거운 휴식을 지키는 용맹한 장수 품에만민萬民이 모였다.

*황계폭포 : 경남 합천군 용주면 황계리에 소재 하고 있으며, 2층 폭포로 제1폭포 길이는 8미터 정도며 넓이는 약 2,4미터 이며 암벽 전체는 약 10미터 정도 된다.

상처

즈음, 흘러간 강물
태평양까지 섞긴지 오랜데
혀끝에 베인 상처
아물지 않네!

칼끝보다 더 날카로운 칼끝으로
자존을 찔리면
심장이 멎는 고통
죽은 자의 가슴처럼
한 자리, 원죄가
뿌리를 내리고
분노의 잎들은 칼끝보다 강하다

어느 흉측한 여인의
삼류 혀끝의 칼
칼끝의 상처는
박제된 가슴을 열어
거울을 비춰도
박힌 화살을 뽑지 못한다.

조약돌처럼 살고 파

시간은 바다위에 배를 띄우고
또, 아침은 밝아 하루치 돛을 올렸다

나는 반비례 되는가!
너는 반비례 하는가!

시간마다 물질의 무게를 재며
숨 쉬는 순간순간에서
너와 나는 뭘 얻는가?
곳과 때를 부여받은 지구의 공간에서
닻을 올리지 못한 가슴속 응어리들
태평양을 가로지른 칠월의 태양처럼

나의 항해는 정당치 못한가!
너의 삶의 항해는 정당한가!

인생의 나침반 운명처럼
밀물과 썰물에 젖은 일상에서
동글동글하게 빛나는
조약돌을 주워 본다.

해수욕장에서

브래지어 삼각 비키니
두려워하지 않네!
양심껏 살았으면
벗어봐?
내장이 훤히 보이는
물고기처럼

실오라기 하나
걸치지 말고 홀라당 벗어봐!
마음이 새까만
위선자가 있나보게

해수욕장에는
마음속을 꿰뚫어 볼 수 있는
청진기를 하나씩
가슴에 걸어 주고 싶다.

그늘과 그늘

아이 얼굴은
늘 그늘이 드리웠다
언제나 말이 없던 그 아이
'밥 먹었어' 하고 물으면
그늘의 미소를 짓던
그 아이

지금은 서울 하늘 아래
아름드리나무 그늘처럼
가지 끝 무성한 빌딩숲이 된
그 아이

내리쬐는 칠월의 태양 아래
잎이 그늘을 이룬 숲을 찾아
자리를 펴고 누었다
그늘을 만든
한 잎, 한 잎 포개진 잎들이
그 아이를 닮았다.

뱃머리 풍경風景

안골 포구는
아늑하고 정다워라
거제 장목으로 떠가는 연락선
떠나는 사람
떠나보내는 사람
흔들어 주는 손 인사
마음은 벌써 갈매기처럼
날개를 달았다

저 멀리
떠있는 하얀 부표 위에
점점이 은빛 날개 접고
시간만 한가로이 쪼고 있던 갈매기
만선 고깃배 뭍으로
돌아오는 해질녘이면
노을 속으로
한 무리 갈매기 날아오른다.

제 3 부

가을 속으로 떠나는 시의 향연

앞을 보라

눈먼 시詩는 가라

똑바로 앞을 봐도
구제 받을까 말까하는 부끄러운 시詩
여기 저기
기웃기웃 장르 옆을 본다

왼손으로 쓴 시詩는 가라

먼 산 보면서
앞으로 가려는 시詩에게
누가, 클랙슨을 울려
앞을 보게 할 것인가!

창작, 부메랑 같은 큐피드 화살
두렵고 또 두려웠다
뒹구는 낙엽처럼

멀리 들리는 종소리는
아픔이 두 배
시詩는 아플 때 아름다웠다.

순천만에서

갈대꽃 허드레 핀 저 멀리
오, 광활한 순천만에는
숨바꼭질 하는 게들의 고향

도요새 사랑도 무르익어 낙조는 붉고
고추잠자리 맴 돌때마다
가을바람은 또 어디로 가는지

실려 온 파도 속으로
그대를 기다리는 오늘
머언 수평선 넘어
내 그립던 마음같이
사랑하던 임이 살고 있을 것만 같아
기다렸을까, 기다렸을까
이러한 날 이런 날을

황화黃花에 붉게 물던
홍조 띤 서녘
언제쯤이나 또 순천만에 오리.

낙엽

푸른잎 시오리 길
노을 같은 낙엽 우수수지면
산마루 언덕에도
강마을 불빛처럼
볼그레한 달빛이 익는다

오늘도
사립문을 서성이실
어머니 뺨 위로
굵은 눈물 자국을 딱 아 내는
휘파람 소리

떠나는 집시 같은 기억 저편에
따뜻한 날의 언어가
물관처럼 숨을 쉬는데
벌써 빨간 울음을 흩뿌리며
길을 떠나고 있다.

강가에서

신용불량자

때 묻은 얼굴에
바람이 스친다
흔들리는 것이
어디 옷자락 뿐이랴!

물살에 할킨 모래톱
떨리는 푸른 심장
갈대처럼 누렇게 흔들렸다

서리꽃 달빛
강물 속으로 파고들 때
바람 끝에 선, 너
휘파람새 울음소리를 타고
강 깊이
그림자로 날았다

반짝이던 별들도
구름에 가리었다.

어떤 귀성

무전 도보

태풍 이후
섬진강 지나 구례 곡성 가던 날
이어져 있던 길은
깊게 패여 있고
들녘은 아직
넓은 밤바다

쉬어 갈 마을 수 십리 밖
아득했지만
먼 곳에서 환하게 다가오는 것은
엄니 젖가슴 닮은
섬같은 불빛 몇 개

볼 붉힌 누이가
내어놓은 밥상에는
오매가 담궜다는 된장이랑
겨우 건진 풋고추 몇 개
그리고 매운 눈물이.

늙는다는 것

해마다 같은 낙엽이 지고
앙상한 바람결에
나무는 아무 거리낌 없이
나이테를 돌리고
또, 통통 한해의 살이 붙었다

노을은 피고 지고
해가 바뀌어도
낯설지 않는 저 산과 들과 강

늙는다는 것은
저무는 해가
살찐 나무들이
가지 사이를 맴도는 바람이
산과 들과 강과
저 노을빛이 또 나를
낯설어함이다
내가, 내 아내가
서로 낯설어 함이다.

협죽도

독毒이 머문 땅은 죽었다
매서운 맹독을
껍질 속에 감춘 협죽도
신변에 독설을 뱉을 줄 아는
독거미 같아서
가당찮은 꼬리표를 위해
이력도 스스럼없이 기만 할 줄 아는
삼류 소설 같아서
협죽도 뿌리를 캐
껍질을 벗겨 볼 일이다

때론, 요염한 웃음으로
홀리는 눈빛이
홍등같아서
굶은 나무와 숲들이
동정을 보내면
그것이
협죽도 독인 줄 숲은 모른다

띄엄, 띄엄 오염된 숲이
멀리서 보면
제법 가을 단풍 같아서

착각에 빠질 때, 더러는
쓴 협죽도 껍질을 씹는 맛을
비로소 느낀다.

*협죽도 : 제주도와 남해안에 자생하고 잎이 매끄럽지만 껍질 속 독성이 사람의 목숨을 잃게 할 만큼 독을 지녔다고 문헌에 있다.

노란눈물

故 노무현 대통령 영전에 부쳐

저기
하얀 뼈를 들어낸 사람이 걸어가네

부엉이 바위를 맴도는
가여운 영혼을 위해
오늘은 박자목이라도 크게 쳐보자
가슴 떨리는 날에는
신악가神樂歌라도 소리 높여 불러보자
아픈 영혼을 위해

충격적 서거逝去 앞에
우리는 망연자실 노랗게 물들었다

입이 듣고 얼어
귀가 말하던 기득권도 한없이 부끄럽다
좁쌀은 가라, 껍데기도 가라
조, 중, 동 보수권도 가라
슬픈 시 詩도 가라

주검 앞서 잡초를 뽑는 큰손
기어이 떠나므로 깨닫는 어리석음
우리는 그냥, 그냥 바보처럼
미안 합니다
노란 눈물로.

빈집

고추잠자리
한마당 놀고

해질 무릎
이제 아무도 없다

노란 아가 손들이
포도 위
길을 떠나고

이제 남은 것은
산 그림자 뿐!

어둠속
텅 빈 우거寓居

초로롱 풀벌레소리
적막을 깨우고.

사람이 길이다

길이 내포하고 있는 암묵적 의미에
늘 감사 한다
가시 등걸을 걷어 내고
돌덩이와 자갈흙을 걷어 내
넓고 편안하게 걷을 수 있는 길이 되기까지
누군가의 땀방울에 감사 한다
성뭇길, 잡초가 우거진 길은
길을 분간할 수가 없다

마음의 길도 길이다
소통이 되지 않은 길은
잡초가 우거진 길과 같다
원망이라는 바위를 밀쳐내고
서운한 자갈흙을 걷어내고
오해의 잡풀들을 베어내면
훤히 빛나는 길을 닦는 것과 같느니

마음의 길이 통하면
먼 곳에 있어도 가까운 곳과 같고
마음이 막히면
가까이 있어도 먼 곳과 같아
우리는 길 위에서
혹은 길속에서
길을 헤매고 있는지 모른다.

석남사 가는 길

초등학교24회 산행

제살을 깎던 계절이
비너스보다 매끄러운 능선을 지었다
붉은 단풍 고운만큼
지난여름 풀빛도 초록이였지

석남사 가는 길, 길은
흰 뱀처럼 꼬물꼬물 기여 간다
산길 따라, 계곡 따라
불꽃 활활 넓혀 번지며 타고
인산인해의 차량 행렬
자유의 여신상도 부러울
산이 좋은 사람들

저 동쪽
정기精氣 어린 신불산 꼭대기
사자평 갈대 숲 넘어
사자봉이 포호咆號하고
서북간 가리산 튼실한 어깨와
서남쪽 팔등신으로 뻗어가는
제약산을 보라

오, 친구야, 초등 친구야

오늘만큼 시름일랑 밀쳐두고
한 잔 하게나
가을 만행萬行이
어찌 즐겁지 아니 한가.

사진을 찍으며

노오란 세상
빨간 세상이
한 계절 지붕을 이고 있다

사진으로만 보아
노란 개나리 울타리
감나무 빨간 홍시

카메라 속 계절이
봄인지 가을인지
햇님도 갸우뚱 한다.

부끄럽다

비로소
부끄럽다
마음 길
행한 마음이 부끄럽다
푸른 소나무에게
부끄럽고
뜰에 핀
산국에게도 부끄럽다

세상 뭇 것들
다 취하고도
부끄러운 줄 모르는 마음이
부끄럽다

한 생명 잇기 위해
내 눈의 욕심과
내 풍요를 위해
희생된 뭇 것들에게
미안하고 부끄럽다.

손길

추워지면 사람들에게
두툼하게
옷을 입어시라던 그가
추울수록 나무에겐
색동저고리 겹겹이 벗기고 있네

찬바람 몹시 불던 날
드러내는 나신의 가지 사이
바람이 이르는 말
새 옷 갈아입기 위해선
헌 옷은 벗길 수밖에 없다는
어미같은 손길.

아가의 탄생

남손을 얻으며

저 깊은 심해의 바다
캄캄한 바다
바다 밑에서
아프게 해가 돋는다

급기야
방긋 방긋 솟는
동산의 햇덩이
해처럼 귀여운 이쁜 아가가
탄생 하였다

어디선가
하늘 문 열림을 허락하신
첫 호흡의 울음
응해, 응애
울음의 첫 일성, 울음도 환희와
기쁨을 주는 울음도 있구나!

오, 놀랍고도 흥분된
원시림에서 들려오는
저 시원詩原의 울음은 시詩다
일찍이 들어 본 적 없는
감동의 시詩, 오늘 나는
평생 읊을 시詩 한 편을 얻었다.

제 4 부

앙상한 눈길 걷다가 차 한 잔을 마시며

변곡점 열차

끝없는 터널만 달리던
새벽기차
도시의 변곡점을 빠져나올 때
반짝 놀란 가로등
실낱같은 빛 줄을 그으며
지구를 빙빙 돌리고 있다

아침 운무가 걷히는 동안
천지창조天地創造가 시작 되고
희미하게 형상形狀의 눈을 뜨는 산야
어디로 둘러봐도 내 고향 산천

야트막한 산허리 감도는 마을마다
푸른 연기 굴뚝 끝에는
소년 적 추억인 양 미소가 번졌다

영동역을 지나 열차가
빈 들을 달리면 옛 추억도
먼 산 잔설처럼 산위에 걸렸다.

신호등

정지 선 앞
붉은 눈
세상 배회하던 혼불
교차로에서 교차하는 순간마다
저 세상에서
이 세상 끝을 밝히는
제사장 눈빛이다

허공 속, 바람의 저편
어둠속 어둠저쪽
붉은 징표는 늘 숨이 차다
파란 입가에
둥근 미소가 피면
저마다 숨 가쁜 날개를 단 듯
새까만 허공 속으로
다시 달려간 혼불

푸른 고추처럼
붉은 고추처럼 되살아나는
희로애락의 일상
단세포 하루살이 같이
늘 생존법에 목말라 있는
파란 신호등.

철새와 서낙동강

수련같은 둥지를 틀고 뜸부기, 논병아리가 새끼를 품어 길러 내던 곳, 떼 지은 철새 시린 물풀을 헤집으며 스티로폼 부이마냥 하얗게 점점이 떠 있다. 어느새 노을 물던 하늘 끝, 끊어진 꼬리 연처럼 고니 떼가 가물거린다.

지난여름 그늘이 좋았던 이곳, 낚싯대를 드리우고 주름깊이 근심을 낚던 강태공, 어디로 갔을까, 어디에 있을까. 암울했던 이야기 아직 담 밑 해바라기를 하며 새봄을 기다리고 있다. 갈대숲 길고양이 눈동자 속으로 그 날의 무겁던 추억이 서릿발처럼 싸늘하다. 다시 뜸부기와 논병아리가 돌아오는 날 갈대숲은 또, 무성하리라.

시련

비 올수록
따뜻한 방안은 호젓한 둥지

비오는 밤은
배고픈 미물이 서럽게
우는 밤

어둠은
고양이
울음조차 훔쳤다

침묵 속
쫑긋 귀를 세우는
미물

귀신 발자국
소리를 듣는
제삿날.

놋그릇

하늘도 아파온
오오랜 녹태의 끝

지난 밤
이팝꽃 소복이 쌓인 길이 열렸다

숟가락 퉁기면
얘야, 하고 울리는

할머니 목소리.

새들의 고백

얼어붙은
가지에 매달린 홍시를 보고
아침 까치가 짖는다
일용할 양식을 얻은 기쁨으로
겨울밤 짝지에 대한 배례와
조촐한 식탁을 이루고픈
소망과 기도의 진정성을 본다.

양지쪽 다리 아래
털 세운 비둘기 한 무리
햇살 녹이며 졸고 있고
버들강아지 물뿌리 웅덩이엔
청둥오리 몇 쌍,
겁없이 얼음판을 지치며
거침없는 자맥질과 날개짓 톡톡,
샤머니즘 기원처럼
제례의 의식을 본다

멈출 수 없는 찬바람
봄바람처럼 선택 될 수 없을까
전봇대 위 헐어버린 까치집
인간의 배례가 홍시만도 못하고,

따뜻한 아파트에서 풍성한
식탁을 마주할 때
보잘 것 없는 우리의 기도가
부끄러운 줄 모르고
겨울 품속은 산해진미로 그득하다.

텃새의 말

세차게 왔던 길을 내달리는 바람 속으로
알 수 없는 언어가 달린다
햇볕 따스하게 전해오면
차창 안
소리 없는 말言들이 그득하다

무수히 팔방으로
엮어지는 언어의 흔적
저 빛들의 시린 말을
새들이 쪼아 삼킨다

저녈리즘 통신선 따라
소리 없는 말들이
소리를 지르며 급히 달리고
쏟아진 휴대폰 금속음이
도심의 허공에서
소낙비같이 쏟아져도
그것이 어떤 뜻인지
텃새만이 해독해 낸다.

의사당의 말言

돈이 도는 트랙처럼
혀끝을 타고 말이 달린다
말馬의 잔등을 탄
말言은 천리를 달려
죽기도 하고 살기도 하는
의사당의 끝없는 말, 말, 말
태산보다 높은 장벽을 넘어
천길 낭떠러지위로 떨어지기도 했다

여기 이곳은
긴장된 울음에 지친 장벽
부산 저축은행 고객들뿐이고
태풍의 눈 앞
촛불에는
반값 대학 등록금뿐이다

빼앗긴 깃발에도 바람은 부는가!
민초의 피를 유린하는
저 위선의 간교한 혀
열두 개 꼬리와
혀 바닥은 자르고 가자.

신발 끈을 조이며

야윈 어깨로 나르는
하루치 중량은 육 톤쯤
팔자걸음을 걷는
육체노동자의 걸음걸이를
지친 어깨 죽지로
통증을 느끼는 근육통파스를
어느 애달쁜
여인의 눈으로 보았다

운동화 신발 끈이
식솔 건사할 몇 푼을 위해
삼백 예순 관절
아린 고통으로 헐어있고

용케도 견딘
(주)식품회사 부속품 하나가
2013년 새해 첫 출근 날 아침
신발 끈을 고쳐 메고 있다
비정규직의 새해는
아무런 삶의 의미가 없다.

해바라기 꽃길

부산 북구 화명동 2월
대천천川변에 벌써 여름이 왔다
이끼 때를 벗겨낸 시멘트 벽면
세월의 무게를 밀어 내고
오늘 아침 햇살보다 더 화사한
하늘색 옷을 갈아입히고
해바라기 꽃길을 단장하는 화가를 보았다

금정산 위로 아침 해가 솟아도
어둡기만 한, 경제 한파 속
키다리 노란 해바라기 꽃 한 송이
햇덩이처럼 함박웃음을 짓는다

사람들의 입가엔 미소가
사람들의 눈가엔 웃음이
꿈과 희망이 작은 해바라기 꽃으로 깨어나
새봄같이 위안의 꽃길로 피었다

화안해진 꽃길
치마저고리를 입은, 70년대
단발머리 소녀가
아기를 업고

고무신을 신은 까까머리 남동생과
모내기 들판에 젖 먹이러 가는 걸까!

세월의 징검다리를 건너
고사목이 되신
우리의 엄니는
빙그레 웃으시는 별빛이 되시고.

뱃고동

"잘 사나"
귀속 새살이 가시에 찔린 듯 아프다
묵은 해가 지나고
새 해 하루가 또, 지나간다
바쁘다는 핑계로
한해가 다 가도록
안부 한 번 전하지 못했다

"잘 사나"
휴대폰 저 멀리
나직하게 들리는 목소리
"무정한 것들"
뚜 뚜 뚜 탈가닥 뚜
명절 내내
가슴에 뱃고동이 운다.

*2004, 1, 2, 어느 전화를 받고

제 5 부

베란다 창가에 앉으면
옛 추억은 새롭고

독도가 위험하다

A.

독도, 한국 령임을 선언한다. 양심적 다수의 일본 학자들이 말했다. 일본 고문헌에 89종의 한국 령임을 증명된 증거로 말했다. 한국의 고문헌에도 178종이나 독도는 우리 땅임을 밝히고 있는데- 동포여, 아는가? 우리 땅을 우리 땅이라 말할 수 없고, 우리 대통령이 우리 땅에 못가면 우리 땅이겠느냐! 1951년 9월8일 샌프란시스코 평화조약 반환 때, 한국 영토리스트에 독도가 누락된 것을 일본 시마네현 고시 제40호에 의해, 독도가 주인 없는 땅이라며 일방적으로 현에 편입시킨 사실에 오늘도 독도는 파도처럼 울부짖고 있다. 오, 오 오천만 동포여! 떨쳐 일어나 독도의 눈물을 닦아야 하리! 역사와 지리적 문헌으로 증명된 바 있는 우리 독도는 1952년 1월 18일 이승만 평화라인과 한국 령임을 재 선포하였다.

B.

아, 어찌 잊으리오. 저- 118전, "명성황후"시해를- 그 시해의 칼끝보다 더 잔인한 아베의 우익 혀바닥으로 독도를 꿀꺽 삼키려 하는데- 동포여, 아는가? 전 세계를 통탄케 한, 피의 침탈자 망언은 새로운 히로시마 원폭의 불씨가 될 뿐, 온 지구인의 중죄인임을 잊지 말라, 근신勤愼하고 또, 근신謹愼하라. 며칠째 하늘도 울고, 땅과 바다가 진노함을 모른다 말인가? 런던 하계 올림픽 동메달을 따고 '독도는 우리 땅' 피켓을 든 우리의 장한 아들 박종우 축구선수는, 저 하얼빈 이토 히로부미 가슴에 포탄을 날린 '안중근의사' 혼령이 깃던 것이리라. 독도 바다 밑에는 에너지 천연 자원이 수백억 톤 매장돼 있음을 우리 독도는 안다. 이명박 대통령이 우리조국 막내 표석을 꽂았다. 독도여! 긴장하고 또 긴장하라 그리고 더욱 강건剛健하라.

*중앙일보 2013년 5월 2일자 (독도 역사자료 정리 본) 문헌 일부 참조.

낮은 마음

빌딩은 높고
지위도 높고
정상에 오른다는 것
현실일 수도 있다

하지만
숲은 기슭이 울창하듯
바닥에 길 줄 아는
바보는
바보가 아니다

높은 곳은 어지럽고
높은 곳은 위험하고
높은 곳은 외롭다

낮은 곳
낮은 마음
언제나
신발 같은 마음 될까.

물목 초장집

낙동강洛東江 어귀, 부산 북구 화명동 신도시에는 지금 부산 자갈치활어센터를 옮겨 놓은 듯합니다. *화명코아 활어 전문빌딩 9층 맨 아래층에는 매일 아침마다 밀물처럼 바다가 들어 왔다가, 저녁나절이면 썰물처럼 빠지는 조수간만潮水干滿의 작은 포구가 있다.

강江하구 쪽으로부터 해풍이 저녁노을을 불러 모으면, 카니발 댄스 같은 네온사인들이 일제히 불야성을 이루고, 힘겨운 하루 피곤을 털기 위해 손님들은 기꺼이 강태공이 된다. 낚시질을 끝낸 강태공들이 삼삼오오 짝을 지어 2층 '물목초장' 집 포구에서 똬리를 틀고 앉아 뽀얀 달 빛 드리워 놓고 싱싱한 횟감으로 소주 한 잔을 기울이며 하루의 피곤을 삼키고 있다.

*화명코아빌딩 : 부산 북구 화명 신도시의 활기찬 상가 중에 유일하게 화명 코아빌딩은 활어 회 전문 빌딩으로 1층은 활어 자판이 즐비하고, 2층 3층은 초장집이 유명하며 4층부터 9층까지 주차장이 넉넉하다.

똑 같습네다

똑 같습네다

남한 동포나, 북한 동포나
똑 같습네다

한 조상, 한 겨레, 한 민족
똑 같습네다

아플 때나
슬플 때나, 또는 기쁠 때나
함께 한 삼천리강산三千里江山
똑 갑습네다

아, 대한민국
짙은 피 나눈 형제여
똑 같습네다.

그럴지도 몰라

천년 섬돌 위에
가지런히 놓인 흰 고무신
산문 들어 합장하고
불경佛經 삼매에 빠졌을지 몰라

발품으로 키운 자식
내 어머니 닮은 흰 고무신
근심 두어 줌 벗어놓고
기도 삼매에 빠졌을지 몰라

아낌없이 다 주고도
모자란 듯 기다리는 흰 고무신
하얗게 빈 것같은 그곳에
보일 듯 말 듯 어머니 정성이
가득 차 있을지도 몰라.

어떤 시

어떤 이는
내 시詩 한 편을 보고
이게 시詩 냐고 하고
어떤 이는
내 시詩 를 보고
참 잘된 시詩 라고
감동을 했다

나도
어느 말이 맞는지 몰라
하늘을 올려다보았다
구름이 달을
비껴가는지
달이 구름을
비껴가는지
나도 모을 때가 있었다.

한계

눈곱만한 개미 한 마리가
내 방안까지 들어와 가진 아양을 떨다가 또
내가 어찌 하지 못한다는 것을 깨달았는지
그냥 기어가다가 가만히 서서
이 세상은 얼마나
넓은 공간이냐며 나에게 묻습니다

아무리 세상이 넓다하지만
내가 서서 견딜 수 있는 어떤 수치에도
그 넓이와 깊이의 한계는
나도 어쩜 개미살이와
다를 바 없다는 느낌이
우리 선대先代들의 삶을 닮아 가는지도
모을 일입니다

오늘 아침 오만원의
지폐를 헤아리며
입가에 작은 미소를 기억합니다.

치매 병동

내 생각이 아닌
생각에 숨만 쉰다
아무것도 모르는 순한 아이처럼
양수속 태내의 바다
헤엄을 치듯 무중력으로 산다
한 세상 그렇게
낮, 밤 없이 논밭의 기심을 메며
이를 악다물던 입술이
긴장에서 줄줄 풀려 히죽 히죽 웃는다

더 넓은 두뇌의 바다는
메말라 버렸다
깊은 땅속에 묻혀버린 생각의 씨앗들
기억은 암흑 속으로 빠져 있고
기억 저 편은 예닐곱 살 추억만 남았다

미래의 싹도 되지 못할
그저 예닐곱 살 기억으로
아이처럼 얼굴만 희멀겋타
저 야휜 작은 몸집으로
칠남매 자식을 낳은 우리고모님
천진난만한 세 살 아이처럼
해맑게 웃기만 하는 얼굴
짠한 가슴 미여지고 아리다.

어떤 낱말

간밤에
참 많이도 돌아 다녔다
어느 건물인지 모를 계단 복도에서
연밤색 꽃무늬 원피스를 입은
생전의 어머니를 만났다
햇볕에 그을린 뜻 미소 띤 얼굴
"애냐, 너 많이 컸구나"
"나와 저 아래로 가자"
"어머니 여긴 웬 일이세요"
어머닌 대답대신
나의 손을 꼭 잡아 끌며
계단 아래로 내러 가고 있었다
무섬증을 느낀 나머지
'나무천리왕임南舞天理王任' 이시어!
신명神名을 계속 외웠다
계단이 끝나는 지점에서
어머닌 눈 녹 듯 사라지시고
그 자리, 흰 종이 위
'쁘휘' 라는 글귀가 선명 하였다
하여, 저승 사전에서
어떤 낱말인지 알아 볼 일이다.

*작자의 어머니는 天理敎신앙자였다.

아바타동굴

1

틈사이로빛과함께비집고들어간곳은시작과끝이없는동굴이었다.나는꿈속처럼동굴여기저기를둘러보다가,커다란투명풍선속으로움직이는물체를보았다,그움직이는물체는수정처럼빛나는물방울로보였는데마음이라는이름표를달고있었다,신축성이좋은동굴은때때로늘어났다가줄었다하였으며때론밝았다어둡컴컴하여연대를알수없었다.

2

뭉개구름이바깥세상에서보고듣고먹고느낀많은경험들을이야기하는중이였다.구름이야긴하늘창공위,그위사차원까지이야기하는듯싶었다.그곳은석굴암속만큼깊고깊은곳이였다.늙은영혼이귀를기울이고귀엣말같은말을듣고있었다.비행기창으로보이는솜뭉치처럼펼쳐진구름융단같았다.웅장한바람의신전이보였다.바람의신전안에는아름답게세공된금관이보였다.그크기가눈에차고도남았다.그러나잠시후형상은보이지않았다.그보이지않는형상옆으로사람의형상을지닌금빛형틀이단위에누워있고,열매맺은흰꽃한송이가홀로피어있을뿐,어떤사물도눈에보이지않았다.보이는건오직그꽃한송이뿐!바람이없는지흔들리지않았다.그꽃은불멸의꽃이며 '영혼을생산하는꽃' 이라고말했다.

3

형틀에서많은사람을찍어내던시간이지나자사랑과증오와불안, 전쟁과평화, 질병과행복, 지혜와어리석음그리고미움과욕심같은것들을그형틀속으로들어부었다. 마음의재료가들어가자, 마비된근육들이거무티티하게찍어낸피륙들에서칡넝쿨처럼동굴관이자라뻗어나갔다. 동굴속으로청정수가핏물처럼붉게흘렀다. 아니붉은핏물이쉴새없이쏟아져들어갔다, 몇만년이흘렀는지알수없는어느날였다. 동굴안은단한번도경험해보지못한온갖경험들이일제히눈을떴다. 그틈새를틈타나는어느큰눈동자속으로숨어들었다. 생각을가둬둔판자촌이보였다, 창고옆육중한철문이보였다. 그틈사이로다시나는거미처럼변신하였다. 그리고중앙상단쪽으로살금살금기어들었다.

4

붉은녹물같은핏덩이가청정수처럼맑은강을따라흘렀다. 괴상하게생긴마음의징금다리몇개를건너자외줄출렁다리가놓여있었다. 다리를건너자바깥세상으로통하는바늘귀틈새로작은빛이새어들었다. 빛이닫는곳마다동굴벽이조금씩허물어져강물에휩쓸리고있었다. 어떤주검이또동굴쪽으로들어오고있었다. 지옥과천당이랄수도있는공존의동굴세계였다. 인간을찍어내는형틀잡이와, '영혼을생산하는꽃' 그것을지배하는시간의신, 동굴속비밀을알게된시간개념조차없던날이였다. 바늘귀만한빛의동굴속을빠져나올때멀리수탉우는소리가아련하게들렸다.

어머니 품속에서

정종락님의 교회연古稀宴에 부쳐

바람이 붑니다. 오늘 시월 같은 바람이 *박달골짝서 붑니다. 정체된 구름도 문을 열고 호수처럼 잔잔한 하늘이 파란 파도처럼 출렁입니다. 든든한 아버지 어깨를 닮은 몽림재와 어머니 앞가슴을 닮은 앞산 진달래 붉은 입술, 저기 건너편 산이 걸어 나오고 서남쪽산과 어깨동무를 하며 미소를 짓는다. 함지박 같은 내 고향 박달자궁에서 한 탯줄 이어받아 태어난 형제자매여!

오늘 금의환향錦衣還鄕 번쩍이는 임의 고희古稀를 맞아 이렇게 만나 뵈올 수 있어 어찌 반갑지 아니하고 기쁘지 아니한가! 한 생애의 덕행德行이 온 누리에 빛나 산천초목도 춤을 추고 그 향기 천리향처럼 퍼져, 벌 나비같이 모여 왔고나! 오늘 아침 까치울음소리 가을 하늘보다 더 높고 청푸른 대나무 숲이 양팔을 벌려 어서들 오라며 손짓합니다. 그간 어떻게 지내셨냐며 안부 묻는 속삭임이 대숲을 매웁니다.

형제자매 여러분! 따뜻한 어머니 품속으로 잘 돌아 오셨습니다. 풋보리 밭 오솔길, 높이 지절이던 종달새 울음소리 들리십니까? 휘영청 대보름날 달마중을 가거나, 달 밝은 밤, 흙담길 골목을 돌아 마실를 갔다 오거나, 점심때를 알리던 수탉 울음소리나, 산풀을 뜯다 바리톤 같은 송아지 울음소리 들리십니까? 혹은 살찐 햇살아래 나직이 개짖는 소리마저도 우리의 애잔한 삶의 모퉁이를 돌아 정막을 깨던 그 소리들 다시

듣고 싶어 그립습니다.

한 탯줄에 풀뿌리같이 부대끼며 살다 가신 얼굴들이 희미한 흑백 사진에서 차오릅니다. 영혼靈魂들이시여! 오늘 설, 추석 명절날 색동옷 입고 세배드리는 마음으로 모였나니 꽃깔 쓰고 풍물놀이 징울림처럼 오십시오. 메말라 가던 우물에서 청수가 용솟음치듯 장한 아들이 당신의 옛터 마당에서 고희의 큰 멍석을 깔았습니다. 이승에서 못다 한, 한恨 매듭처럼 푸시고 이 자리에 모인 면면을 빠짐없이 살피셔서 자손만대 이어 나갈 축복을 내리시사, 박달골짝 번영케 하시고 형제의 기쁨이 내 기쁨인 듯 덩실 덩실 춤추게 하옵소서!

엊그제인 듯 동무하며 곱던 얼굴들 빛바랜 세월에 *샛대꽃 하얀 머릿결엔 시계초침도 숨이 찹니다. 백년도 못다 할 인생 칠십이 하루인 듯 눈 깜박 찰라 인데, 억센 고집 억지 욕심 이제는 다 비우고, 남은 인생 덕德짓는 마음으로 서로서로 도와가며 어머니 품속같은 박달골짝, 한 핏줄같이 끈끈하게 다시 뭉쳐, 퍼 줄수록 넘치는 정 샘물처럼 나누시고 오늘같이 좋은 날 시름은 떨치시고 도타운 진실로 고희古稀를 축하 하오니 우리 모두 건강하게 오래오래 사시라는 축배를 높이 듭니다.

*박달 : 작자가 태어 난 동네 이름
*샛대 꽃 : 억새 꽃 (방언)

해 설

평문

최진만 詩의 서정미와 비판의식

法山 김용태

1.

최진만 시인은, 내가 부산 북구에서 원효정사를 창건하고 거기 머물고 있을 무렵 알게 되었다.

그때 그는 부산 북구 문인협회 회장을 맡아서, 「북구문학」이란 회지를 출판하고, 그 출판기념회 겸 북구문인 단합대회를 원효정사에서 가졌으면 좋겠다고 나를 찾아와서 그 뜻을 밝혔다.

나는 후배 문인들을 격려하고, 그 사기를 북돋워 주기 위해서, 그의 뜻을 흔쾌히 받아들였다.

그때 모인 사람들이 150여명 되었는데, 부산의 타지역에 살고 있는 중견 문인들이 대단히 많았다. 원효정사는 교통이 아주 좋은 곳도 아닌데, 한 젊은(당시에) 시인이 문인들을 그렇게 많이 모을 수 있다는 것은 인간적으로나, 문학적으로나, 남들로부터 인정을 받고 있다고 나는 생각했다.

그 이후 그는 문학적으로 중요한 일이 있을 때마다 나를 찾아와서 자문을 구하기도 했고, 협조를 청하기도 하였다. 이러한 과정에서, 나는 최진만 시인이 아주 적극적이고, 추진력이 있고, 비판적인 성격도 있는 사람이라고 생각하였다.

나는 이미 북구를 떠나서 북구와는 거리가 먼 수영구에 살고 있는데, 그가 원고를 들고 나를 찾아와서 시집을 출판하겠다며, 평문을 써 주었으면 좋겠다고 한다.

그도 올해 화갑을 맞는 사람인데, 나는 그를 젊은 사람으로 생각하고 요즘 젊은 사람들이 둥둥 뜨는 평론가들 찾아다니며 찬송가(?)를 불러 달라는 세상인데, 그가 그래도 깊이 생각하고 나를 찾아 온 것이라 생각하고 다른 업무도 바쁘지만 그의 뜻을 받아들이기로 하였다.

2.

모두 5부로 구성된 그의 시를 읽어보고 두 가지 생각을 갖게 되었다.

하나는 서정성이고, 다른 하나는 비판정신이라고 하겠다.

시인이 서정성을 갖는다는 것은 가장 기본적인 것이지만, 그 서정성이 예술로 승화되었을 때, 그것은 〈시적 서정미〉가 되는 것이다.

또 시인이 비판의식을 갖는다는 것은 현실개선의 의지라고 하겠는데, 시인은 서정적으로 아름다움을 노래하면서도, 자신이 살고 있는 사회를 아름답고 행복한 사회로 만들어 가는데 한 몫을 해야만 한다.

같은 청록파의 시인이면서도, 박목월 박두진은 서정성을 추구하는 쪽으로 기울어져 있고, 조지훈은 서정성과 비판의식을 함께 시화(詩化)한 시인이라 볼 수 있을 것이다.

시인의 재능이나, 성격이나, 기호에 따라서 각각 다르겠지만, 내가 생각하기로는 가능하면, 〈시적 서정성〉과 〈시적 비판의식〉을 함께 가진 시인이면 더 좋다고 생각한다.

그 어느 시인이든, 한권의 시집을 만들고 나면, 저자 자신의 마음에 썩 드는 작품은 삼분지일 정도이고, 나머지는, 버리기에는 아까워서 그저 수록해 놓은 것이 일반적이다.

최진만 시인의 시력은 20년 가까이 되었고, 이번에 시집은 세 번째가 되니, 그 동안 남의 시도 많이 보았고, 자신의 시도 많은 실험을 한 것으로 보인다.

그 결과 그의 시의 한 축은 〈서정성의 확보〉라고 할 수 있고, 다른 한 축은 〈비판의식의 시적표출〉로 이루어져 있다고 볼 수 있다.

이제 그의 시편들을 이끌어 와서 그러한 면을 살펴보기로 하자.

들을 지나 산길 넘어
해안선 곡선 따라 길을 걷는다
고즈넉한 갯마을 닿을 때마다
파도는 할 일 없이
밀려오고 밀려가는데

모래톱 쌓던 아이
노을 물든 석양
빤히 바라보는 수평선
갈매기 울음 멀고
갈대숲 쉬속밀어
허허로운 바람만 분다

어둠 내린 어스럼 길,

길을 재촉하는데
잔물결 따라 비틀거리며
빨려들어 가는 길

— '석양 길' 전편

1연에서 시의 화자는 지금 석양길을 걷고 있다.

화자는 왜 석양길을 선택하여 걷고 있을까. 우선 모든 현실적인 사고에서 벗어나서 자유로운 사념에 젖어들고 싶기 때문이 아니겠는가. 〈석양〉이란, 모든 것을 잠재우는 분위기를 만들어 준다. 그러나 일상적인 모든 것들이 정지되면서 그 일상적인 것들과 반대되는 새로운 카오스(chaos)의 세계를 준비해주는 시간이다. 카오스의 세계란 광대무변한 자유의 세계, 누구로부터 어떠한 침해도 받지 않는 세계, 이 세계에 들어가기 위해서 화자는 들도 지나고 산도 넘어서 바다가 있는 석양 길을 선택하여 걷고 있다.

무심한 파도가 밀려오고 밀려가듯이 화자는 현실적인 고리에서 벗어나 자유연상(free association)에 빠져들고 있다. 〈자유연상〉, 이는 시인이 누릴 수 있는 최상의 낙원이요, 대해탈의 세계인 것이다.

2연에 가서, 화자는 동심적인 낭만의 세계에 젖어든다. 〈모래톱〉, 〈노을〉, 〈석양〉, 〈수평선〉, 〈갈매기 울음〉, 이러한 시어들이, 지금은 자취조차 없는 〈밀어의 바람〉을 불러일으키고 있으니 이러한 자유연상이야 말로 화자에 있어서는 최상의 카타르시스(catharsis)가 아니겠는가.

3연에서도 역시 〈어둠 내린 어스름 길〉이 계속 〈그 길을 걸어가기를 재촉〉해 주고 있으니, 화자는, 아직도 현실로 돌아오지 않고, 어둠(카오스의 상태)에 젖어, 인간 본연의 가장 순수한 상태를 즐기고 있다.

이러한 서정미를 보여주는 작품들이 이 시집의 다른 시들도 여러 편 있기에, 나는 최진만 시인의 시의 한 축이라고 보고 있다.

그 다음, 이와는 반대되는, 현실인식을 통한 비판의식의 발로를 보여주고 있는 시들이 여러 편 있는데, 그 하나를 이끌어 와서 보기로 하자.

둑이 터졌다
물길은 바른 길을 가고 싶었다
어제 저녁부터 퍼 마시던 강
불협화음의 트러블,
저지대는 몇 차례 속이 부글부글 끓었다
제방 안쪽으로 메탄가스 가득 찼고
목적의 돌들이 떨어져 나가 앓고 있다

둑은 며칠째 트림을 해댔고
몇 번의 방귀소리가 들렸다
의사는 장염이라고 했다
얼마 전만 해도 소화불량은 아니었다
배탈이 나 설사할 뿐이라고 했다
배탈이 아닌 위암이었던 4대강

시원하게 싸고 싶던 것일까

소화불량의 물길 창자를 뚫고
복막염으로 시름하던 들판과
정치판 항문에서
방귀냄새처럼
용접봉 불꽃 튀는 냄새가 진동했다

–'4대강 배앓이' 전편

위의 시는 특별한 설명이 필요 없다.

지난 정부, 온 국민의 최고 관심사였던 〈4대강 사업〉에 대한, 시인의 비판의식을 시로 표출한 작품이다.

이 사업은, 당시, 대통령의 측근들이나, 또 어용학자들은 긍정적인 논리를 끌어대면서 그 당위성을 주장하고 있지만, 자연을 자연으로서 보존하고 싶은 대다수의 자연인들에겐 상처를 주었고, 또 경제논리로써 손익계산에 밝은 학자들이나, 토목수리(土木水理)를 전공한 양심적인 학자들은 부정의 목소리를 높였다.

그러나 양심이나 정당성의 논리는 언제나 정권을 이길 수가 없었던 것이 우리의 현실이었다.

이에 시인은 이를 그냥 보고만 있지 않고, 시로써 비판하고, 질책하고 있다. 이것이 바로 시인의 현실인식이요, 사회적 존재가치라고 하겠다.

시인은 작품으로써 자신의 인간적 고뇌를 승화시키는 존재이기도 하지만, 자신이 살고 있는 조국이나, 사회현실에 대한 개선의 의지를 시화할 때, 민중의 불빛이 되기도 하는 것이다.

특히 앞의 시의 마지막 연 〈소화불량의 물길 창자를 뚫고 / 복막염으로 시름하던 들판과 / 정치판 항문에서 / 방귀냄새처럼 / 용접봉 불꽃튀는 냄새가 진동했다〉는 표현은 시각과 후각으로 감각할 수 있도록 시원스럽게, 정치판을 풍자한 것이 돋보이기도 한다.

시인이 아무리 사회적 비판의식이 강하더라도, 그것은 어디까지나 시로써 표출되어야 하지 논설문이나 선동문이 되어서는 아니되는 것이다.

3.

이상에서 살펴본 것과 같이 최진만 시인의 이 시집의 두 특징 중의 하나는 〈순수성의 서정미〉요, 다른 하나는 〈현실에 대한 비판의식의 풍자적 표현〉이라고 하겠다.

최 시인의 시적 정열은 앞으로 시간이 갈수록 더욱 왕성해질 것이라 보이고, 그의 시도 더 정제되리라 믿어진다.

앞에서도 잠깐 언급했지만, 시집에 수록된 작품이라고 하여 반드시 다 수작은 아닌 것이고, 경우에 따라서는 과감한 마음으로 빼어 버리는 것이 좋겠다는 것은, 나를 비롯한 모든 다른 시인들에게도 다 해당되는 말이다. 이 시집의 시편들도 그러한 점에서 벗어날 수 없는 것들도 더러는 있다. 하지만 어찌하랴. 못난 자식이라도 버릴 수가 없는 것이 부모의 마음이듯이 작자는 자신의 작품을 버리지 못하는 것을.

금후 최진만 시인의 시가 더 많이 빼어나기를 바라고 우리 시단에도 참신한 바람을 일으켜 줄 것을 기대하며, 이 글을 맺는다.

후기

초심으로 가고파 순수를 말한다.

바른말이라 믿었던 말言이 지나고 보면 구부러진 사법邪法의 말일 때가있다. 그 어눌하고 구부러진 말을 바른 발음이 되도록 애쓰는 의사나, 바른길을 가도록 사법부司法府의 동분서주東奔西走도 아랑곳없이 늘 말言과 길은 구부러진다.

눈같이 맑은 정신 '순수' 얼마나 아름다운 말인가!
그 수정처럼, 샘물처럼 맑은 시詩를 찾아 헤매는 시인들이 순수 순박함을 말할수록 박속같은 순수함이 그리운 세상이다. 한 편의 서정적 시詩가 순수한 알맹이에서 얻어지는 객관적 상관물이야말로 초심에서 발현되고 그것은 곧 진리와도 같은 시의 상징이 되기도 한다.

세상이 어려울 때 총, 칼은 들지 못해도 펜을 들어 세상을 구하고자 했던 6, 70년대 시인이 그립다. 먹고 살기 힘들 때 진정한 시가 있었고, 진정한 시인이 있었던 것 같다. 모든 물자가 풍요로운 오늘날 산해진미를 앞에 놓고도 감사를 모르는 세상인심, 윤리와 도덕을 말한다는 것은 어리석기까지 한다지만, 시인은 그 어리석음을 찾아 길을 떠나야 한다. 진정한 시의 정신은, 시인은 명예나 부에 있는 것이 아니라 인간 본래의 때 묻지 않은 초심으로 되돌아 갈 때 순수를 말할 수 있고 그 순수의 바탕위에서 위대한 시는 탄생 될 것이라 믿기 때문이다.

화명동 서재에서 저자 씀

구부러진 말言

최 진 만 시집

인쇄일: 2014년 2월 6일
발행일: 2014년 2월12일

지은이: 최진만
펴낸이: 최경식
펴낸곳: 도서출판 청옥문학사
기획처: 문화마을

등록번호 제10-11-05호
사무실 부산시 동래구 명륜로203-6(명륜동696-38)
전화; 051-517-6068 FAX 051-529-6068
E-mail: kyu500@hanmail.net

ISBN 978-89-97805-16-7
값: 10.000원